强势的父母
与混乱的孩子

柳杨　编著

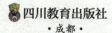
四川教育出版社
·成都·

图书在版编目（CIP）数据

强势的父母与混乱的孩子 / 柳杨编著 . — 成都：四川教育出版社，2022.12（2023.6 重印）

ISBN 978-7-5408-8405-5

I. ①强… II. ①柳… III. ①家庭教育 IV. ① G78

中国版本图书馆 CIP 数据核字（2022）第 247714 号

QIANGSHI DE FUMU YU HUNLUAN DE HAIZI

强势的父母与混乱的孩子

柳杨　编著

出 品 人	雷　华
责任编辑	周代林
责任校对	保　玉
封面设计	松　雪
责任印制	田东洋
出版发行	四川教育出版社
地　　址	成都市锦江区三色路 266 号新华之星 A 座
邮政编码	610023
网　　址	www.chuanjiaoshe.com
印　　刷	唐山玺鸣印务有限公司
版　　次	2023 年 1 月第 1 版
印　　次	2023 年 6 月第 3 次印刷
开　　本	880mm×1230mm　1/32
印　　张	6
书　　号	ISBN 978-7-5408-8405-5
定　　价	36.00 元

如发现印装质量问题，影响阅读，请与本社联系。

总编室电话：（028）86365120　编辑部电话：（028）86365129

>> 谨以此书献给天下所有的父母 <<

"父母之爱子，则为之计深远。"从孩子出生的那一刻起，父母对他的热切期望，就已开始滋长。这样浓烈又急切的期望，常常让父母陷入矛盾：每一对父母都认为自己的孩子是独一无二的；同时又希望自己的孩子具备其他孩子身上的一切优点；父母担忧强势的教育方式不能让孩子正向成长，同时又频繁地将自己的想法施加给孩子。

什么时候学会说话，培养什么样的特长，将来上什么样的大学……无尽的要求和目标加给孩子，不少父母在对孩子未来的担忧中变得强势而无法自拔。

父母的强势会使孩子在短期内顺从，但这种顺从不是正面的。有些孩子会压抑自我，不敢表达自己的观点；有些孩子会因父母的强势而变得自卑，一直活在否认自己的阴影中；有些孩子则会异常叛逆，总是和父母对着干；还有些孩子会习得父母的强势和霸道，并用同样的方式对待周围的人，甚至是他们的下一代……

由此可见，强势的父母给孩子带来的消极影响是巨大的。鉴于此，本书将重点说明一个道理——父母越强势，孩子越混乱，并解析强势的父母对孩子造成的影响，同时给出一些建议：

1.放下架子，和孩子做朋友，平等地与孩子相处；

2.蹲下身来，读懂孩子的心，了解孩子消极行为背后的原因；

3.温柔教养，让爱在对话中传递——用温柔的语言与孩子沟通；

4.正面管教，做严格而不严厉的父母，让家庭教育充满温度；

5.给予孩子关键帮助，陪孩子度过青春期。

本书希望引导父母对强势的教育方式进行反思，学习更积极的教育方法，并通过提升自身的远见和格局，放弃强势做法，学会用包容、乐观和热情的心看待孩子的成长。

目录
CONTENTS

01 **父母越强势，孩子越混乱**

目录
CONTENTS

目录
CONTENTS

目录
CONTENTS

目录
CONTENTS

06 给予孩子关键帮助，陪孩子度过青春期

01

父母越强势，孩子越混乱

强势的父母，
缺乏主见的孩子

英国伦敦大学做过的一项研究表明：

儿童时期被父母过多限制行为、干涉隐私的人，长大后独立性较差，依赖性较强，幸福指数较低。

在生活中，我们经常会看到一些家长在教育孩子的过程中非常强势，几乎是说一不二，要求孩子"我怎么说，你就必须怎么做"。

这样的家长属于强势型家长，他们对孩子有着很高的标准和要求，指挥力和行动力很强，会将孩子的一切按照自己的想法安排得井井有条，总是希望自己的孩子可以在同龄人之中有更加出色的表现。孩子一旦对家长的安排有任何异议甚至是反抗，家长便会采取坚决压制的做法，让孩子完全按照自己的要求和意愿行事。

可在这种强势与高压之下教育出来的孩子，果真如父母所愿，会有更加出色的表现吗？事实恰好相反，父母对于孩子过多地控制和干涉，不仅对孩子的成长起不到促进作用，反而让孩子深受其害。

强势的父母很容易培养出懦弱的孩子。强势的父母最大的特点就是经常对孩子的事情横加干涉，要求孩子"一切行动听指挥"。他们总觉得孩子的想法和做法都不够成熟、妥当，因此一定要亲自为孩子"出谋划策"，然后再指挥孩子按照自己的意愿去做。

—————————————— 对话1 ——————————————

妈妈，我今天不想穿这条裤子去公园。

不行，今天必须穿这条！

—————————————— 对话2 ——————————————

妈妈，不要再给我夹排骨了，我吃饱了。

不行，再多吃点儿，这是我特意为你做的。

—————————————— 对话3 ——————————————

妈妈，我和小明约好一会儿去骑自行车。

你在约别人之前怎么不告诉我？我同意你出门了吗？不许去！

　　当孩子的想法与父母出现分歧时，强势的父母便会以比较激烈的手段阻止孩子的反抗。长此以往，孩子便只知道一切都得听父母的，失去了独当一面的机会，会变得没主见、懦弱、胆小怕事，禁不起成长中的风雨。

强势的父母会让孩子失去主见

我来为你做决定

谁来为我做决定？

　　强势的父母在孩子小的时候事事干涉，事事替孩子做决定，让孩子失去了尝试独立做决定的机会，同时也让孩子失去了培养独立自主的能力的机会。可孩子总有长大的一天，父母也总有老去的一天，当父母不能再为孩子遮风挡雨时，孩子该如何自处呢？

培养孩子的过程，其实也是让孩子不断尝试，不断做出决定和不断刷新自我认知的过程，家长应当平等地对待孩子，尊重孩子的想法和决定，不能粗暴干涉。

强势的父母对孩子的态度常常表现为要求、命令、训斥、否定，孩子没有机会按照自己的想法去做事，这就导致孩子无法获得自信心和成就感。总是在父母的指挥下生活，孩子就容易失去主见，形成过于内向的性格，最终将严重影响孩子日后的成长与社交。

强势的父母，
自卑敏感的孩子

关于自卑，美国社会学家库里曾提出一个"镜中我"理论：

人通过与他人互动形成自我认识，通过揣测他人对自身的评价，激发对自身的思考。

父母是孩子的第一面镜子。身为父母，如何看待自己的孩子，对孩子如何看待他们自己具有长期的影响。父母对孩子一言一行给予反馈，孩子会对这些反馈进行解读，并根据这些反馈不断加深他们对自身的认识，最终形成他们对自己的总体看法。

虽然，随着年龄的增长和视野的开阔，孩子的自我认知方式渐渐变得多元且丰富，但至少从幼儿时期至青少年时期，父母对他们的自我认知的影响是深刻而巨大的。甚至有些孩子成年乃至成家立业后，父母曾经对他们的一些评价依旧影响着他们的判断和选择。

强势的父母习惯要求孩子，用命令的口吻与孩子沟通，一旦孩子达不到他们的要求，或者说孩子的意愿与他们的想法相违背，他们便会不满意，然后用激烈的方式将不满意的情绪传达给孩子，并评判孩子所有不符合他们要求的自主行为都是不正确的、愚蠢的。

在这种强烈的打压之下，孩子的内心易衍生出不自信，以至于产生自卑心理。这种自卑心理将会导致他们做事唯唯诺诺，面对他人的欺负不敢反抗，性格敏感多疑。

—————— 对话1 ——————

 运动会你一定要报名，你跑得快。

我不想报名，别人都比我跑得快。

—————— 对话2 ——————

 妈妈，老师夸我长得可爱。

那么胖，还可爱呢？老师是不好意思说你。

—————— 对话3 ——————

 妈妈，这次比赛我没发挥好。

我就知道！你能发挥好就怪了。

　　强势的父母会习惯性地贬低、否认孩子。在这一过程中，孩子的自卑情绪会越来越强烈，并开始十分在意他人对自己的行为给予的反馈，尤其是父母的反馈。时间长了，对这些反馈的解读，会变成孩子评价自己的依据。

强势的父母让孩子自卑且不敢反抗

强势的父母让孩子更消沉

遇到一点挫折就受不了

强势的父母习惯否定孩子，久而久之，当孩子做了一点错事，或者经历了微小的失败后，就会产生强烈的羞耻感和挫败感，缺乏强大的心理素质来面对这些挫折。从长远来看，逆商的不足将严重影响他们在社会上立足。

即使孩子失败了，父母也应给予平和而积极的正面回应，并且要体谅孩子，倾听其真实的想法，这是让他们摆脱自我否定而勇敢生活的重要步骤。

　　社会是复杂的，父母为孩子构建的情绪和性格基础，将会决定孩子面对社会的方式。强势的父母不善于表达自己对孩子的爱，他们往往以为自己为孩子决定一切就是最好的表达爱的方式，殊不知，这反而会将孩子的心越推越远。

　　因为从小到大一直受到父母的强势对待，自己的真实想法一直得不到尊重，孩子内心的自卑和敏感将会被放大。而这种自卑感和敏感心理的可怕之处在于不仅会使孩子认为自己无能，而且会让他们陷入无休止的自我批评中。这会带给他们无尽的困扰，并阻碍他们与其他人建立健康的关系。

强势的父母，
叛逆虚荣的孩子

心理学研究表明：

如果孩子总是被父母责备，他就容易失去耐心；父母的要求越多，他就越想要摆脱。

在日常生活中，但凡孩子没有按要求做到一些事，强势的父母便会喋喋不休，抓住孩子的痛处不放，将自己愤怒的情绪尽情地发泄出来。在这个过程中，孩子的心理承受能力会渐渐到达极限，一部分孩子会选择与父母对抗，用极端的逆反行为来表达对父母的不满。

随着年龄的增长，叛逆的孩子会倾向于采取不恰当的方式应对生活中的一切，他们容易变得蛮横不讲理，父母让他们往东走，他们偏要往西走。进入社会以后，他们更是会表现得格格不入，难以与他人相处，也不被他人所喜欢。

　　不仅如此，强势的父母在收获成功后表现出的骄傲自负、在遭遇失败后表现出的抱怨愤怒，易让孩子在耳濡目染下也变得盲目而虚荣——孩子不仅会看不起自己的失败，还会轻视他人的平凡，在追逐成功和超越他人的过程中逐渐迷失自我，失去体会幸福的能力。

　　一个集叛逆与虚荣于一身的孩子，很有可能会成长为一个满身带刺的成年人。他们会很容易被惹恼，为一点小事大发脾气，并会把自己的失败全部归咎于他人，甚至会对他人怀恨在心。

—— 对话1 ——

 这次比赛怎么就你没拿奖？

我怎么知道？你别问我！

—— 对话2 ——

 下次你再玩到这么晚，就别回家了！

不回就不回，看你能把我怎么样！

—— 对话3 ——

 妈妈，你怎么能扔掉我的漫画书！

你再不听话，我就把你所有的玩具都扔了！

　　在上述对话中，妈妈习惯盘问孩子，孩子自然而然会产生叛逆情绪。而当孩子产生叛逆情绪后，这类妈妈又会使用威胁的方式来制服孩子。表面上看，这类父母用自己的"强"战胜了孩子的"弱"，实际上这始终是不平等的、缺乏尊重的沟通方式。

孩子越被压制，越不听话

虚荣的孩子会嫉妒、瞧不起别人

成年后的孩子可能会延续父母的强势

你怎么这么笨，这么短的课文都背不下来？

爸爸，你再说我笨，我就不上学了！

　　父母是孩子最初的老师。强势的父母的言行会在不知不觉中深深印刻在孩子的脑海中。成年后的他们极有可能像父母一样强势、严厉，甚至咄咄逼人，并以同样的方式对待自己的孩子。而他们的孩子则同样可能变得叛逆且虚荣。

唉，都怪咱们当年对他太严厉了。他现在对自己的孩子也那么严厉。

为了避免孩子产生叛逆、虚荣的心理，父母不要经常板着面孔教训孩子，要学会与孩子耐心沟通，并承认他们的优点，使孩子感受到爱。

父母如果习惯严厉地教训孩子、粗暴地威胁孩子，孩子就会因为缺少来自父母的认可而对父母产生敌意。明明是最亲的人，却慢慢变得疏远。长此以往，孩子会不愿意将心事告诉父母，而将自己的内心世界渐渐封闭，等父母察觉到并想要干预的时候，那扇心门已经不会再打开了。

孩子之所以叛逆，是因为他们想从父母那里寻求理解和尊重，但他们只从强势父母那里学会了激进和愤怒，所以只会用叛逆的方式表达情感。而虚荣，则是他们渴望得到父母认可却屡屡失败的产物，他们只是希望通过取得所谓的成功来取悦父母或自己。

强势的父母，
暴躁易怒的孩子

一项研究表明：

> **经常对孩子施加压力，强迫他们顺从自己的要求，容易让他们变得暴躁，走向逆反的道路。**

年幼的孩子心理还不成熟，不具备很好的自我调节能力，当他们在生活中遇到挫折或犯错的时候，如果父母再责骂、贬损他们，甚至采用暴力手段对待他们，那么将极大地影响亲子关系，可能导致孩子厌恶、憎恨父母，产生失落的心态，有的孩子甚至会变得暴躁易怒，开始逃学、打架，成为不良少年。

强势的父母不善于控制自己的情绪，他们总是想说什么就说什么，经常给孩子施加较大的压力，甚至打骂孩子而不考虑孩子是否能够接受。事实上，用最粗暴的方式表达自己的情绪，不但不能达到教育的目的，而且会失去孩子的信任。

孩子做不好一些事情，父母固然应该教育和引导，但教育的方法不应该是打骂。

上述惩罚性的教育方式只会让孩子内心充满愤怒，久而久之，他们对父母的感情会越来越淡漠，会丧失友善和宽容，只要遇到一点不如意，就会立刻产生愤怒的情绪。

对话1

你怎么可以打同学呢！

谁让他不和我一起玩球。

对话2

妈妈，我想买奥特曼！

不买！不听话小心回家我揍你！

对话3

缺心眼吗你？骑自行车还能把腿给磕破了！

你就知道骂我，也不关心我疼不疼！

　　父母是孩子最亲近的人，如果在父母身边却得不到任何安慰，反而被粗暴地对待，孩子会渐渐对父母失去信心，认为父母根本不爱自己。而缺爱的孩子性格会发生变化，他们极有可能模仿父母，用粗暴的方式对待他人和解决问题。

难听的话语会伤孩子的心

责骂是最无效的沟通

无法掌控自己的情绪

  强势的父母惯用粗暴的口吻沟通问题，这让孩子内心备受煎熬。部分孩子不反抗只是因为他们尚且年少，没有足够的能力抗拒这种沟通方式。待到成年以后，他们极有可能会变得和父母一样情绪化，这将直接影响他们对待工作和生活的态度。

父母打骂孩子的最终目的是希望通过惩罚性的措施，让孩子懂道理，避免再次犯错。但如果耐心沟通和劝导也可以达到这种教育目的，何乐而不为呢？

　　强势的父母喜欢用强制性的教育方式来让孩子服从，习惯以居高临下的姿态来对待孩子。这种不平等、不尊重孩子的做法，会让孩子的内心积压愤怒的情绪，变得暴躁易怒。此外，强势的父母的说教是不分场合的，在外人面前他们也习惯贬低孩子。"饭桌如战场"便是不少孩子内心的真实感受。这些都是不可取的做法。

02

尊重孩子，
让孩子更独立

保护天性，
给孩子大胆表达的机会

国内一家社会咨询机构针对两千名在校中小学生做的一项问卷调查显示：

"住口"是孩子最不愿意听到的话之一。

强势的父母总是不停唠叨，他们总认为自己更清楚什么真正对孩子有好处，并且时刻为孩子有没有记住自己的叮嘱而担忧。但是，他们说得越多，孩子就越觉得痛苦，因为他们通常不给孩子表达意见的机会，而让孩子必须遵从他们"独裁式"的安排。即使被允许表达，孩子到最后也只能顺从父母，因为他们提出反对的意见一定会被强势的父母否决。时间长了，孩子便失去了表达的欲望，变得被动且消极，不仅在父母面前表现得唯唯诺诺，在学校和其他生活场景中也容易丧失主动性，他们会认为自己的想法是不会被重视的。

　　而要改变上述情况，强势的父母需要在言行方面做出改变，要尊重孩子表达的权利，不要打断孩子讲话。父母表现出强势有时也是因为爱子心切，但会因为表达方式不当而适得其反。孩子也有自己的想法和主张，在孩子表达意见时，父母不应该粗暴地打断，或者不理不睬，要让孩子的话语权得到尊重。只有这样，孩子才会感受到平等，才不会因被长期压制而产生性格缺陷。

———— 对话1 ————

妈妈，我今天写的作文被老师表扬了。

那太好了，你继续说，宝贝。

———— 对话2 ————

宝贝，你为什么睡前一定要听童话故事呀？

妈妈，因为那些故事很温暖，我听了可以做个美梦。

———— 对话3 ————

不是所有气球都能飞，妈妈你想知道这是为什么吗？

我想知道，你告诉我吧。

以上对话反映出当孩子对某件事有自己的想法时，父母应该耐心倾听，这其实相当于多了一个了解孩子的机会。父母可以在听完孩子的话后，根据孩子的话有针对性地进行引导、教育，这样孩子能更好地理解父母的用意。

让孩子大胆表达会让孩子更勇敢

给孩子大胆表达的机会

让孩子敢于充分表达自我

给孩子充分表达自我的机会，不仅不会影响父母在孩子心中的形象，反而能增进彼此之间的感情，并能更好地处理一些问题。随着孩子走向成熟，他们也会对表达自我有更深刻的理解。进入社会后，如果遭遇不公平的对待，他们可以从容且自信地为自己申辩。

父母在倾听孩子说话的时候要有耐心，要肯花时间，这样孩子才会勇于表达。父母可以通过暗示孩子"我正在专心听你说"来完成这一过程。

父母在听孩子表达的时候，要关注其体态语言。体态语言是通过人的面部表情、肢体动作等传达某种情感的不言之语。孩子在表达时是高兴的还是皱着眉？是手舞足蹈还是不知所措？这些都传达出孩子的心情和真实想法。父母需要通过这些体态语言，来辨别孩子的内心是开放的还是紧闭的。

父母也可以通过调整体态来缩小与孩子的心理距离。比如，让孩子坐着说话，自己也坐在靠近孩子的地方。一般来说，空间距离越远，心理距离就越远；空间距离越近，心理距离就越近。

相互尊重，
不要居高临下地取笑孩子

心理学研究表明：

儿童的自尊主要反映在重要感、自我胜任感、外表感这三个方面。

从孩子降生的那一刻起，孩子与父母的相处就开始了。父母与孩子的交流方式，将会影响孩子对自身、他人和世界的看法。强势的父母在与孩子沟通时，往往想说什么就说什么，而没有意识到有些语言可能会伤害到孩子的心灵。特别是那些不经意间的取笑，往往带着居高临下的贬低意味，父母可能说完就忘了，但对孩子来说，却是一件大事，他们会一直记得。

作为父母，不应该忽视孩子的羞耻感。孩子内心的脆弱程度，有时会超出成年人的意料。孩子在成长过程中，一方面对父母十分依赖，另一方面因为自身尚未成熟，不得不服从父母。父母要端正自己对待孩子的态度，首先要做到从内心尊重孩子，把孩子当作一个平等的个体去看待，而不是居高临下地审视孩子，更不要随意取笑孩子。每个人在成长过程中对自己都会有一个总体上的认知，这是自我知觉和自我评价的统一体，孩子也是如此。而孩子的自我认知与父母如何看待他们紧密相关。所以，父母应该尽力为孩子营造能够培养自尊的家庭环境，让孩子在一个没有心理伤害的环境下快乐地成长。

———— 对话1 ————

乐乐最近特别爱嘲笑别人，他说那是和他爸爸学的。

是吗？我和爸爸说话也要注意。

———— 对话2 ————

之前摔倒时你说我是傻子，我其实特别生气。

我当时很凶吧？对不起，我不该那么说。

———— 对话3 ————

儿子，以后别在亲戚面前笑话我胖行吗？

行！但你也别总和他们抱怨我个子矮！

　　父母的语言是孩子成长的催化剂，爱的语言多了，孩子的内心就会充满美好和善意；反之，恶的语言多了，孩子内心的负面情绪就会迅速地蔓延滋长。父母只有学会站在孩子的角度思考问题，才会明白有时候一句取笑的话带来的伤害有多深，才会真正体谅孩子的委屈。

尊重孩子，也是尊重自己

和孩子相互尊重，平等相处

懂得尊重让孩子更受欢迎

> 你在群面时没用贬低他人的方式来凸显自己，我很欣赏你。

> 谢谢您，对手之间也应该相互尊重。

父母在孩子的成长阶段给予孩子足够的尊重，可以帮助孩子形成健全的性格，孩子会自觉做到尊重他人，理解他人，并用正确的思路去处理和他人之间的关系。最终，孩子会因为性格好而更受欢迎，这足以让孩子受益一生。

> 爸妈告诉过我，不嘲笑别人也是一种美德。

在孩子痛苦与羞愧时，父母要给予安慰，千万不能嘲笑和讽刺孩子。父母应重视对孩子心灵的呵护，并用温和的语气鼓励和安慰孩子。

人要先感到被尊重，随即才感到被爱。有些孩子，明明从小到大父母给予的关注和爱护并不少，但他们仍旧会觉得父母不爱自己。这是因为他们的父母在与他们沟通的时候，往往居高临下地使用了不当的语言，使孩子感觉不被尊重。因此，孩子内心的委屈难以消解，负面情绪叠加，最终变得难以理解父母。

所以，父母不应贬损和嘲笑孩子，而应用温和的语气平等地与孩子沟通，让自己的心贴近孩子的心。一个人一旦感受到自己是被尊重和理解的，内心就会充满幸福感。

给孩子选择的机会，
培养其决策能力

教育家陈鹤琴先生认为：

凡是孩子自己能做的事，就应让他自己去做，只有这样才能培养孩子的独立性、自理能力和责任感。

　　每一个孩子对于生活都有独自探索的欲望，他们希望自己去了解这个世界。而强势的父母往往喜欢为孩子决定一切，他们认为好的事情便一定要孩子也去喜欢；而对于他们厌恶的事情，如果孩子感兴趣就会被严厉地批评。强势的父母习惯独断一切，但没有民主的家庭关系注定是不健康的。为了避免孩子在被安排好的生活中失去独立性，父母应当改变教导孩子的方式。

　　选择是一种乐趣。作为父母，应该把一些选择权交还给孩子，让其运转起聪明的小脑瓜，去思考，去分辨，最后按照内心的想法做出一个选择。在这个过程中，孩子的智力会得到有效锻炼，并且在成功做出选择后，孩子的内心会收获一种满足感，这种满足感也是自信心的来源之一，没什么比自己完成目标更快乐了！父母在这个过程中扮演的角色是引导者，需要对孩子进行耐心的指导，帮助他们进行分辨，以促进他们更高效地找到理想的目标。切记：引导者是辅助人员，而不是代替孩子去做选择的决策人。

对话1

 妈妈，咱们旅行可以去看我喜欢的大海吗？

好，我听你的。

对话2

 我想带早饭去学校吃，这样节省时间。

既然你计划好了，没问题。

对话3

 下学期你还想继续去舞蹈班吗？

不想去，人太多了，老师也顾不上我。

　　作为孩子最亲近、最信赖的人，父母不应忽略孩子的意愿。父母一方面要提醒和帮助孩子，做好引导工作；另一方面也要尊重他们的自主想法，给孩子机会去验证自己的思考。当孩子学会了选择，便会逐渐获得一种对人生很有帮助的能力，即自我调整能力。

给孩子自主选择的机会

让孩子自己来

独立能力伴孩子扬帆远航

一个具备了自我意识和决策能力的孩子，成长之路会更加顺利。因为父母的合理引导，能让他们学会用智慧来解决生活中的问题，在一次次亲身实践中变得更加勇敢和自信。这个时候，不需要父母指导或建议，他们也会做出正确的决定，让自己走得更远，收获成功。

培养孩子的过程，其实也是让孩子不断尝试，不断做出决定和不断积累人生经验的过程。父母应当尊重孩子的想法和决定，不要轻易否定孩子，应该给孩子探索和决策的机会。

的确，父母改变以往对待孩子的强制做法，给其充分的选择权是很有必要的，但应注意尺度，既不能过度放任，又不能总是替孩子做出决定。所以，父母需要采用科学的方法来引导孩子。比如，绘画书和科普书孩子都感兴趣，但只能选择一种，如果父母替孩子决定，就显得不尊重孩子；如果完全交由孩子自己选择，孩子可能会随便选一种，因为他对这两种书的内涵并不了解。这时候就需要父母简单为孩子介绍两种书各自的内容和特点，让孩子充分理解，这样他们会更容易做出更适合自己的选择。

放开紧握的手，
让孩子到同龄人中去

儿童心理学研究表明：

　　同龄人关系与少年儿童的主观幸福感紧密相关，被同龄人接纳的程度越高，孩子的积极情绪越多。

　　对外面的世界充满渴望是孩子的天性。但是，一些强势的父母却因为担心孩子在和同龄人的交往中受到伤害或不良影响，而不支持孩子和同龄人过多来往。但这些父母或许不知道，这种干预看似是在保护孩子，实则会阻碍孩子与人的正常交往。而因为常常不能投入到集体活动中，孩子与同龄人之间会渐渐疏远，孩子会越来越孤独。

　　因此，父母应该放开握紧的手，让孩子到同龄人中去，在玩耍中进步、成长。同时，父母还要因势利导，帮助孩子辨别真正值得交往的朋友，也要提醒孩子注意交往的尺度。

父母要鼓励孩子在交往中既做到待人真诚，会关心别人；又做到进退有度，处事有原则。

父母是孩子最亲近的学习对象。为了培养孩子的品质，帮助孩子掌握适宜的交友方法，父母要从自己做起，积极地参与到健康和谐的人际交往中去。并且，父母可以带孩子参与一些大人们的聚会，让孩子在与大人们的交往中学习人与人之间的相处之道。这会让孩子变得更开朗，增强他们的交际能力。

对话1

妈妈，我太喜欢夏令营了！

那下半年的冬令营我也给你报名吧！

对话2

我们班有同学要去敬老院献爱心，我和他们一起去，行吗？

这个活动有意义，妈妈支持你。

对话3

换了班级后，都没人和我交朋友，真苦恼。

儿子，其实你也可以主动去认识新朋友。

　　孩子一旦体会到交朋友的乐趣，就会更积极愉快地融入到集体中。当孩子表现出强烈的交际需求时，父母应该趁热打铁，鼓励孩子去结交新朋友，让他们认识更多真诚、热情的小伙伴，并通过彼此交流来丰富内心的世界。

引导孩子主动交朋友

帮助孩子掌握交往的诀窍

超强的交际能力让孩子收获更多

学生会主席竞选

对呀，大家都准备选皮皮呢！

皮皮组织能力特别强，选他当主席，活动开展会很顺利！

　　每个人的生存与发展都与他人有着密切的关系，人际交往能力的强弱会影响到一个人学业、工作的发展情况。

当父母从小鼓励、引导孩子和同龄人交往，使其在交往中获得了较强的交往能力后，孩子的性格将会变得更加外向、阳光，在长大之后更易受周围人的欢迎。

儿子太优秀啦，每年各类奖项都得了个遍。

父母要鼓励孩子积极地交朋友，但这并不意味着要让孩子为了交友而一味去讨好别人。在孩子交友的过程中，父母要多注意孩子的情绪，及时与孩子沟通，以免其受到欺骗、欺负和伤害。

　　在生活中，大家都很喜欢那些充满自信、个性阳光、热情的人，小朋友们也是一样的。因此，父母要引导孩子学会主动向他人展示自己的优点，这样会让孩子给人留下深刻的印象，让他人觉得孩子自信又乐观，更想要与孩子成为朋友。在体会到"主动"的积极作用之后，孩子会变得更加开朗、积极，这对其未来的发展是十分有利的。

03

蹲下身来，读懂孩子的心

要想孩子敢于表达，
父母要先给足理解

针对儿童的一项研究表明：

　　三岁前接受父母"敏感照顾"（父母迅速且恰当地回应孩子发出的信号）的儿童不仅学习成绩更好，而且成年后更易拥有健康的人际关系和更高的学业成就。

　　竞争激烈的社会要求人们在学习、工作和生活中力争上游。只有勇于表达自己的想法，敢于表现自己的能力、特长和优势的人才能从人群中脱颖而出。因此，培养孩子勇敢表达自我的能力非常重要。但强势的父母常常操之过急，因为对孩子未来的过度担忧而不停地将压力施加给孩子，这种情形通常只会让孩子更不愿意表达，反而变得怯懦而迟钝。

　　孩子羞于在人前表达自我、展现自我，这的确会令父母发愁。但面对这种情况，比起逼迫和催促，更好的方式是和孩子好好地沟通，去理解他们不爱表达背后的原因，然后再用温和的口吻、巧妙的方法帮助孩子打开心结。

通常，孩子不愿表达与其缺乏自信心密切相关。强势的父母习惯于用批评的口吻来教育孩子，这对孩子树立自信的消极影响是巨大的。因此，父母想要鼓励孩子勇于表达，首先要做的就是不再对孩子使用那些过激的负面语言，比如"你怎么那么傻""你是个扫把星""你是废物"，等等。并且要给予其适当的鼓励，父母们不应该忽视鼓励的意义，孩子的每一点进步都值得被鼓励。

妈妈，我不想去参加聚会。

为什么呢？来，给妈妈说说你的想法。

 我特别害怕上课主动举手发言。

宝贝，勇敢点，即使回答错了也没关系。

 我今天帮老师组织同学们打扫卫生了！

是吗？真厉害呀！

对于内心敏感、缺乏信心而不善于表达的孩子，父母应该给予充分的理解和积极、科学的引导，要适时地向孩子表态：作为你最亲的人，父母理解你的想法，也会尊重你的选择。当父母蹲下身来，用友善的态度和孩子沟通时，孩子会倍感温暖。

帮助孩子克服对表达的恐惧

妈妈陪你练习话剧台词。

这样我就不那么紧张啦。

璐璐加油，和售货员姐姐说出你的想法吧！

姐姐，我特别喜欢橱窗里的蛋糕，你可以帮我做个同样的吗？

引导孩子表达自己的情感

给孩子时间，就会有改变的可能

孩子的性格也好，处事方式也好，都不是一成不变的。作为父母，一定要用发展的眼光去看待孩子的成长过程，要给予其足够的理解和支持，让其在复杂的生活里逐渐完善自己的性格，成长为一个开朗积极的人。只有这样，他们才能勇敢表达自我。

父母不妨常带孩子到社交场合中去，这样孩子有更多的机会展现自我。孩子若不知所措，父母可根据情况适当进行引导。

父母应尽力为孩子卸下内心的沉重负担，在孩子怯场的时候给予鼓励和理解，并告诉孩子"这只是一次尝试，大胆去做"。当孩子对自己的表现不满意的时候，父母要给予孩子台阶，只有这样，才能让不敢表达的孩子放开自己，积极展现自我。

孩子"恋物"
源于安全感的缺失

研究表明：

孩子的"恋物"行为很大程度上是内心需求得不到满足，从而缺乏安全感所导致的。

　　小孩子都喜欢玩玩具，这是他们抒发情感的一种方式，父母们通常不会对此给予特殊关注。殊不知，孩子对待玩具的方式暗藏着其内心的真实想法。

　　强势的父母们习惯于忽视孩子的感受，以致孩子感受到更多的是委屈而并非关爱，久而久之，他们会因难以得到关爱而变得内向、敏感。但孩子也需要释放情感，这个时候，他们就会把自己的感情寄托在玩具上。父母会看到孩子开始对某个玩具爱不释手，无论是睡觉还是玩耍，孩子都可能带着玩具，一旦没有看到它，孩子就会哭闹不休。

这种令父母难以理解的"恋物"行为，其实反映了孩子内心安全感的缺失。

在孩子的眼中，那些玩具熊、小汽车、小娃娃已不是简简单单的玩具，而是一个个陪伴者和可以倾诉的对象，它们被孩子赋予了更多的意义。

因此，在看到孩子的"恋物"行为时，父母不应该使用强制措施去干预他们，而应先进行观察，或耐心地陪孩子一起玩一次，走近他们的内心世界，了解孩子"恋物"背后的原因。

————— 对话1 —————

妈妈，你不能让别人玩我的小汽车。

我没想到你那么在意，对不起宝贝！

————— 对话2 —————

你的小恐龙抱枕都开线了，给你买个新的吧。

我只要我的小恐龙，缝一下就行。

————— 对话3 —————

你的玩具会掉色，妈妈给你换个质量好的可以吗？

好吧，但要看起来相似才行。

　　孩子对自己依赖的小玩具、小物品是相当喜爱的，并且不会轻易允许其他人去触碰它，作为父母应尊重孩子的想法。父母应关注孩子"恋物"背后的原因，同时也要看到"恋物"行为对孩子的积极影响，帮助孩子在逆境中学会自我安慰，调节心态。

给予孩子适当的安抚

转移孩子的注意力，改变他们的"恋物"之心

安全感满满的孩子逆商更高

一个获得了父母完满的爱的孩子，内心会有充足的安全感。这种安全感不仅会渐渐改变他们对一些物品的依恋，还会帮助他们提升逆商，建立起强大的抗挫折能力，使他们不畏惧生活的风风雨雨，勇敢且独立地承担起自己的责任。这样的人的家庭生活和社会生活都会更顺利一些。

在应对孩子的"恋物"行为时，要避免用强制办法使其戒除。因为不当的处理会让孩子感到不快，使其内心受到伤害。破坏孩子物品等过激行为更不可取。

　　父母应该正视孩子的"恋物"行为，并用陪伴的方式带领孩子。可以带他们去体验一些有趣的活动，比如钓鱼、远足、参观艺术馆等，让孩子的视野变得开阔，让他们的生活变得丰富。这样一来，便能让孩子的情感获得满足的形式变多，孩子的安全感自然不会建立在对小物品的眷恋上了。

孩子的拖延症，
其实与满足感缺失有关

心理学家蒂姆·皮切尔博士曾说：

拖延是一个情绪调节问题，而不是时间管理问题。

随着孩子的成长，他们的日常行动中会更多地体现出自主意愿，拖延的种子便也悄悄萌芽了。不少父母会发现，孩子变得喜欢磨蹭，早晨不愿意起床，催促他们一次，五分钟后发现孩子又睡着了；接着再督促孩子起床，他们却依旧慢吞吞，这着实令父母头疼。

强势的父母面对此种情形会按捺不住怒火，忍不住命令孩子立刻起床。但是，这种强制行为只能约束孩子一时，一旦脱离了父母的管束，他们就会放纵起来。在对孩子实施强制的管理手段时，孩子会将自身意愿与要付出的行动之间的矛盾，转移成自身与父母的矛盾。在这种情况下，孩子根本意识不到问题的本质，只会将注意力放在如何摆脱父母的约束上。因此，针对孩子的拖延行为，采取逼迫的方式是不可取的。

父母们要看到孩子拖延背后的真实原因。有些孩子天生内敛、害羞，做事比较磨蹭，但这样的孩子也很细心，因此父母们应该耐心引导。但是，有些孩子并非天生的慢性子，他们的拖延通常与满足感的缺失有关，这就需要父母进行合理的干预了。

——— 对话1 ———

 你怎么在画画？快穿好衣服去外面玩呀。

我都忘了自己要出去玩了。

——— 对话2 ———

 妈妈，我想晚上再写作业。

你现在写完作业，晚上看动画片多好。

——— 对话3 ———

 下一个暑假我再学自行车吧！

这个暑假你学会了，就可以早点感受到快乐。

年幼的孩子的时间概念并不强，尤其当他们对需要做的事情缺乏足够的兴趣时，他们就会开始磨蹭。因此，父母在引导孩子抓紧时间做某事的时候，要善于找到所做之事与孩子兴趣的结合点，采取恰当的方式加以引导。

帮助孩子收获满足感

善用方法让孩子克服拖延

不妨让孩子体会拖延的"苦"

孩子体会到拖延带来的不良后果时，会深刻意识到拖延的坏处，并且主动地在接下来规避懒散和磨蹭的做法。

父母如果实在拿孩子没有办法，不妨就让孩子尝尝拖延的"苦"，只有这样，他们才会领悟及时完成某事的"甜"。

作为父母，不妨通过给孩子讲名人珍惜时间的故事，并在家中贴名言警句的方式来引起孩子的共鸣，使他们珍惜时间，及时去做要做的事。

　　在大多数情况下，拖延是一种情绪问题，与兴趣能否被满足息息相关。孩子在成长过程中所要做的事，不可能全都是他们感兴趣的，比如学习某些科目。但学习那些知识是为孩子的人生铺垫基石，可以帮助孩子站到更高的地方，在孩子与理想之间构建起一道桥梁。孩子虽然年幼，但并不无知，父母完全可以用智慧的语言去引导他们理解生活：有时候，按时做一些不那么喜欢做却有意义的事，是为了将来能做更多自己喜欢的事。

任性的背后，
是孩子被压抑的自我

美国儿童心理学家威廉·科克的研究表明：

实际上，孩子任性是一种有心理需求的表现。

在生活中，父母们应该对一种场景非常熟悉：在商场逛街的时候，孩子看到自己喜欢的玩具，便希望父母能买下来，父母一旦不答应孩子的要求，孩子便会大哭大闹，甚至坐在地上，干脆不走了。强势的父母在面对孩子如此任性的时候，通常会立即责骂孩子，并采用粗暴的手段将孩子直接带走，一时之间，孩子确实不敢哭闹了，但却在心底对父母产生了埋怨。并且，由于他们的心理需求并未得到满足，只要有机会，他们便会用任性的方式再次对父母提出诉求。

实际上，孩子之所以会如此任性，与他们的自我意识开始萌芽有关。而自我意识对孩子独立人格的塑造有着重要的作用。孩子任性有时表现为喜欢抢别人的东西，稍不如意就大哭大闹等，看上去这些是因为孩子的物质需求未被满足，但实际上，这是由于孩子的心理需求得不到满足。因此，强势的父母们应该反思平时对孩子的打压式教育，尝试使用多种方法来了解并满足孩子的心理需求，释放其被压抑的自我。

―――――――――― 对话1 ――――――――――

 宝贝你怎么回事，为什么摔门？

因为我说的话妈妈你一点都没听进去。

―――――――――― 对话2 ――――――――――

 你就非得今天吃灌汤包吗？

你都说了好几次要带我去吃，也没兑现。

―――――――――― 对话3 ――――――――――

 鹏鹏穿了新球鞋，我也想要嘛！

你是想要一双新球鞋，还是想和鹏鹏比呀？

　　当孩子出现无理取闹的情况时，父母正确的做法应该是先让孩子冷静下来，多问他们几个为什么。孩子的思绪会随着父母的提问渐渐被转移，激动的情绪会慢慢缓和。随后，父母再和孩子讲道理，他们就比较容易接受了。

孩子任性，有时候是希望得到关注

沟通让孩子远离任性

保持情绪稳定

校园辩论赛

你做到了以大局为重，抛开咱们的个人恩怨，能赢比赛真多亏了你。

咱们虽然有点小矛盾，但不能让它影响比赛呀，哈哈！

当孩子任性哭闹时，父母最好是给予耐心的劝慰，让其释放自我。保持情绪稳定，将对孩子的一生产生积极的影响。在孩子成年以后，他能够在感到压抑时，用妥当的方式释放自己内心的压力，而不是任性、粗暴地将情绪转移给他人。

将不良情绪对着瓶子说出来，再把水倒掉，就不会再生气了。

在帮助孩子消除任性产生的不良情绪的同时，父母也不要完全遏制孩子偶尔无伤大碍的"小任性""小调皮"，因为有时候这恰恰是其个性的展现，应该顺其自然。

此外，父母要认识到群体的重要性，鼓励孩子多到同龄人中去，因为年纪相仿，孩子们相处起来不会有太多顾虑，自我的表达也会更加真实。在和小伙伴们交往的过程中，孩子可能会制造出一些"问题"，但这些"问题"也折射了孩子的心理状态，父母们可以通过分析这些心理，找到孩子任性的原因。

并且，同龄人不会过分相互迁就，孩子也会明白任性并不是解决问题的好方法，进而改变自己的想法，学习其他孩子的正确做法。父母在此时若能加以引导，就可以在潜移默化中帮助孩子矫正任性的行为。

04

温柔教养，
让爱在对话中传递

鼓励孩子,
同时教会孩子鼓励他人

美国心理学家罗森塔尔认为:

如果父母对孩子寄予厚望,积极肯定,用期待的眼神、激励的语言来温暖孩子的心,孩子就会更加自尊、自信、自爱、自强。

心理暗示有着神奇的作用,每个孩子在成长过程中都会收到这样或那样的心理暗示,这些心理暗示有些是积极的,有些则是消极的。父母作为孩子最亲近、最依赖的人,同时也是最常给孩子心理暗示的人,如果常用消极的暗示来引导孩子,那就会让孩子的情绪受到负面影响。

强势的父母习惯用打压式的教育方法,言语、行为中充满了消极的暗示,在他们的影响下,孩子的内心会悲观,做事时畏首畏尾、唯唯诺诺,时间长了,其心理也会变得十分不健康。

鼓励的话语就像春风，可以滋润孩子的心田。强势的父母应该意识到否定与批评的消极作用，使用鼓励的话语来为孩子打气。很多时候，相信孩子会让他们更愿意去理解父母的良苦用心，变得更加自爱、自强。父母越是乐观积极，对孩子充满希望，孩子的拼搏之心便会越发强烈。

同时，在鼓励孩子的时候，也要教会孩子鼓励他人。因为除了父母，来自周围人的鼓励和赞美同样能起到良好的激励作用。在小伙伴的鼓励下，孩子的自信心和成就感会更加强烈。而获得他人鼓励的有效方法之一便是学会鼓励和表扬他人。

──────────── 对话1 ────────────

妈妈，我穿那条裤子好丑啊！

那条裤子太肥了，不适合你，咱们换条漂亮的。

──────────── 对话2 ────────────

这次考试我成绩退步了。

你这么聪明，下次再努力就好了！

──────────── 对话3 ────────────

别紧张宝贝！你肯定能学会骑自行车。

好的，等会儿我骑上你就放手吧。

　　父母恰当的鼓励和表扬能够增强孩子的自信心，使孩子积极地去做接下来的事情。同时，父母还要教会孩子去鼓励他人，培养其尊重他人的品质，比如父母可以在孩子面前适当赞美别人。

教会孩子鼓励他人

让孩子知道不尊重他人的后果

鼓励的力量不容小觑

孩子从小生活在充满爱和鼓励的环境下，内心会充满自信和正能量，不容易被生活中的负面情绪所影响。长大之后的孩子即便面对生活中的挫折，也不会轻言放弃。这种健康向上的心态会让孩子的人生有更多的可能。

想要教会孩子鼓励和赞美他人，父母要做好榜样。父母还要不时和孩子讲述一些周围人身上的优点，这样能让孩子学会用欣赏的眼光看待他人。

爱的鼓励应该是具体的，避免夸大其词，否则时间长了，孩子会对夸赞的语言失去敏感。比如说，当孩子对自己的容貌产生焦虑时，父母应当给出其五官可爱、有特点的具体评价，而不是空泛地鼓励一下，敷衍了事。又比如，当孩子因考试失利而懊恼之时，父母应当和孩子一起分析具体的原因，并对孩子的进步给予具体的赞美。只有这样，孩子才能真正认识自身的长处，并重拾信心。

用理解的力量引导孩子
懂得换位思考

古代著名的思想家、教育家孔子曾说过：

"己所不欲，勿施于人。"此话意在阐述自己不愿承受的事也不应强加给别人，要懂得换位思考的道理。

　　孩子品行的塑造与家庭环境息息相关，尤其易受到父母言行的影响。强势的父母自孩子出生起，便不自觉地对孩子寄予了很高的期望。然而，父母希望有一个乖巧懂事又聪明能干的孩子，却往往疏于反问自己如何做一个好父亲、好母亲，因为要想孩子能够理解父母的良苦用心，父母也要学会换位思考和理解孩子。

　　孩子虽然年幼，但思想却丰富而又多变，如果父母不愿意耐心地与孩子沟通，真正理解孩子的想法或不站在孩子的立场来考虑问题，就无法真正与孩子交心，如此，再强势的教育方法也无法发挥好的效果。

因此，父母即使工作再忙，也应该抽出时间来陪伴孩子，与孩子好好沟通。语言是打开理解之门的钥匙。同时，应尽可能地从孩子的角度去看待问题。

作为孩子的父母，了解孩子成长的一般特征，站在孩子的角度正确分析其行为、表现，将有助于理解孩子行为背后的真正意图，并因材施教。

—————————————————— 对话1 ——————————————————

 妈妈，最近月月都不理我。

上一次你和月月吵架，她肯定伤心啦。

—————————————————— 对话2 ——————————————————

 对不起妈妈，我不应该心情不好就向你发火。

孩子，我明白，你最近学习很辛苦。

—————————————————— 对话3 ——————————————————

 宝贝最近不爱说话，是不是遇到什么困难了？

老师最近不点我发言，我有点难过。

　　孩子的心思其实是很细腻的，能够感受到周围人一句话、一个动作，甚至一个眼神的微妙变化。父母应去理解他们内心的真实想法，同时也要教会孩子换位思考，懂得体谅他人。

教孩子理解自己的同伴

教孩子认识到人人都有不足之处

谁都会犯错，爸爸也一样，一生气就撕坏了你的棋谱，对不起。

没关系，爸爸。

老师今天误会乐乐了，我有点失望。

老师也有判断失误的时候，你们可以把实情仔细告诉老师。

奇奇还小，难免考虑不周。再说了，他可能被其他事耽搁了。等回去问问奇奇原因。

约好一起来游乐园玩，奇奇竟然什么都不说就爽约了！

西西吃饭"吧唧"嘴，特难听。

不能因为生活习惯不同就嘲笑别人，你可以提出建议，但把决定权交给别人。

换位思考让孩子的生活更顺利

懂得换位思考的孩子可以为他人提供良好的情绪价值，这是一种非常重要的能力。提供高情绪价值的人能让别人信任以及依赖，从而对个人的学业、工作、情感等各个方面都产生积极的影响。

要教会孩子换位思考，父母要先想办法使自己成为孩子愿意交流的对象。为此，家长要不断跟上时代的步伐，只有这样才能理解孩子日新月异的想法。

家庭是孩子安全、可靠的港湾，孩子很渴望在这个港湾中获得快乐和心理上的慰藉。因此，父母们应当珍惜孩子年幼还未离家远行的阶段，努力与孩子建立紧密的关系。除了要耐心地与孩子沟通之外，还要互相理解，并引导孩子学会换位思考，用包容的心态与家人和谐相处。

父母不抱怨，
孩子更乐观

儿童心理学家认为：

父母无意间的一个举动，一句未经思索脱口而出的话，都可能在孩子的内心留下难以抹去的印象，并可能影响其一生。

强势的父母在不满意孩子的表现时，第一反应往往是抱怨，随即不停地在孩子面前唠叨。但实际上，这种抱怨并不会对孩子的内心产生积极影响，因为否定的语言易让孩子失去信心，消极的抱怨只会让孩子感到恐惧。

因此，父母应该意识到，孩子的心智还未发育成熟，各方面存在不足是正常的，一味地抱怨只会让孩子变得失落，甚至产生强烈的抵触情绪。与此同时，要用积极的方式去引导孩子，在孩子完成一些布置的任务后，要适当地给予孩子鼓励和表扬，这样会提高孩子的积极性，促使孩子接下来继续努力。

　　需要注意的是，鼓励孩子不仅是说些赞美的话那样简单，还需要父母从心底里认可孩子，真正看到孩子的优势。在学习方面，父母不应过度追求完美，而应善于发现孩子的长处，引导孩子发挥其优势；在性格塑造方面，要尽力发现孩子的个性特点，和孩子共同发现此种个性的优点。

　　在竞争日益激烈的当下，父母常拿别人的孩子与自己的孩子比较，并会产生"恨铁不成钢"的情绪，但父母不应陷于抱怨，应专注于培养孩子的特长，而不是从众，看到别人做什么，就要求自己的孩子做什么，这样反而会让自己和孩子都陷入无休止的比较之中。

对话1

妈妈，我画画不如别人，你不生气吗？

不生气，妈妈觉得你钢琴弹得好，以后学钢琴吧。

对话2

谢谢妈妈不埋怨我没考好，我一定会更加努力！

宝贝，我永远支持你，相信你！

对话3

上学又忘带笔袋了吧？提前一晚装好就不会忘了。

谢谢妈妈提醒，这个做法好。

如果面对孩子的失误，父母不唠叨、抱怨，而是心平气和地和孩子沟通，那么，孩子也会给予父母正向积极的反馈。父母应该看到孩子的潜力，鼓励孩子有信心去挖掘自身的可能性，在潜移默化中将乐观的心态传递给孩子。

心平气和地沟通更有效

适当的批评教育也很重要

积极的心态让孩子永不言弃

父母时常抱怨和情绪化会给孩子带去消极影响，使其遇到挫折就难以承受，这种消极心态对其成年之后的生活也有很大影响。反之，父母有很好的情绪管理能力，时常保持乐观的好心态，也会影响孩子，使孩子更自信地面对生活中的一切。

父母应该时刻记住，无论遇到多么糟糕的生活，都不要无休止地抱怨，要乐观积极，并且为孩子做好示范，给予孩子爱和鼓励，保证孩子内心的富足和安定。

父母真正做到乐观积极，能给孩子带去正能量，使其一生受益。毕竟拥有好心态，才能坦然面对生活的风雨，勇往直前。真正豁达聪明的父母更看重对孩子心态的培养，他们深知人生长路漫漫，充满各种可能性，乐观快乐的人更易收获成功和幸福。

不要用争吵的方式
为孩子解决问题

一项研究表明：

　　父母与孩子争吵的爆发常与孩子的饮食、生活环境、卫生、学业、就寝时间等相关。

　　人与人之间常会因为对某件事的看法、利益冲突等产生纠纷，在情绪的驱使下，有些人还会用争吵的方式来试图说服对方。这样的场景在父母与孩子之间也常会发生，尤其是本身就很强势的父母，他们无法容忍孩子与自己的意见相左。当孩子表明想法时，他们往往会强烈反对。孩子年幼时，可能会因为自身力量弱小、自我意识不强等因素顺从父母。而随着年龄的增长，孩子的自主意识会越来越强烈，这时候如果父母仍旧咄咄逼人，那么不仅孩子会满腹牢骚，父母也会因为产生不良情绪而感到身体不适。

因此，用争吵的方式来教育孩子并非明智的方式，那样只会让双方都陷入烦恼中。在了解到孩子做错事的第一时间，父母不妨先冷静一下，同时也让孩子独处一会儿，来反省自己的过错，当双方的情绪都不再暴躁之时，再重新聚在一起，仔细地将事情的原委理清楚。这个时候，孩子可能已经对自己的错误有了一些认识；而在冷静的那段时间，父母愤怒的情绪也已得到缓解，如此便能避免掉不必要的争吵，更高效地解决问题。

对话1

赶快把没写的作业完成，不然我就要生气了！

我马上写！我不应该不写作业。

对话2

妈妈，你不停催我做这做那，好像都不关心我的感受。

是妈妈的说话方式有问题，对不起宝贝。

对话3

我们拉钩，你来保证这是你最后一次弄丢教科书。

只要你不吼我，我怎么保证都行！

　　在上述对话中，孩子母亲选择了例如轻微警告、与孩子定约定等方式来避免自己释放消极情绪。这些都是很好的沟通和教育方法。

不要因为生气对孩子说重话

为孩子解决问题提供思路

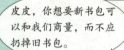

皮皮，你想要新书包可以和我们商量，而不应扔掉旧书包。

我明白了，以后我会主动说的。

你快去说姐姐，她不带我一起出去玩！

你要和姐姐好好商量，而不是强硬地和爸妈告状。

妈妈，你去和哥哥说我想用他的电脑嘛！

你亲自去和哥哥说会更好，我说就有长辈命令的意味了。

我昨天把西西的头花扯坏了，但是她没怪我。

那是西西大度，但你要主动承认错误，给西西一点补偿。

冷静的孩子会更灵活地解决问题

　　人与人之间相处，难免会因为各种事情而产生矛盾，但争吵只是发泄情绪，而不是解决问题的好方法。成长于友爱家庭中的孩子，更懂得妥善解决问题，这不仅能让他们避免被伤害，还有助于他们养成理性思考的习惯，使其终身受益。

人在盛怒之时往往会做出一些反常的举动，说出一些伤人的话。出于保护孩子的目的，父母也要告诉孩子，在自己非常生气的时候，孩子应尽量远离自己，避免被愤怒的自己伤害到。

父母在解决孩子的问题前，一定要先审视自身，等自己控制好情绪后，再去要求孩子。要调节情绪，自我暗示是非常重要的，遇到问题时及时提醒自己"生气会伤身体"，有助于保持理性。环境调节也是一个好办法，当感到压抑愤怒时，离开当前环境，去其他地方走一走，这样能舒缓心情，为与孩子高效沟通、解决问题奠定基础。

05

正面管教，
做严格而不严厉的父母

批评教育有方法，
让孩子主动成长

著名教育家陶行知先生曾说：

"做父母的对子女的教育应有一致的措施。因为父母所施方法宽严不同，子女竟至无所适从，不能了解事理之当然。"

通常，"慈母严父"或"慈父严母"的教育模式是人们习以为常的家庭教育组合方式。不少家长认为，家庭之中，父母双方对孩子的教育方法不同是最合适的。比如，父亲严厉令人敬畏，而母亲则包容且温和，一个对孩子严格约束，另一个则对孩子相对宽松。这种"一张一弛""一快一慢"的教育方式看似实现了某种"平衡"，实际上却有着非常大的问题。

例如，一旦孩子真犯了错误，需要父母批评教育，而父亲和母亲的教育方法、惩罚措施却不一致，这会让孩子左右为难，不知道该听谁的。倘若父亲埋怨、批评孩子，而母亲则夸奖、鼓励孩子，那孩子的心自然会偏向母亲，时间长了，很有可能一犯错就想求得母亲的保护，和母亲一起对抗父亲。由此，父亲和母亲的教育方式不仅没有形成合力，对孩子起到引导作用，反而会削弱家庭教育的力量，使其发挥不了应有的作用。

因此，父母在批评教育孩子之前，首先要注意的是对孩子的教育方法与说辞要一致。这就需要父母事先进行沟通，得出一个共同认可的教育结论，随即再对孩子进行教育。

———— 对话1 ————

妈妈，你罚我反省，怎么才算反省了呀？

回房间，把你认为做错的事都写下来。

———— 对话2 ————

今天我帮同桌包书皮，她可开心了。

与同学友善相处很棒，妈妈奖励你一个礼物吧！

———— 对话3 ————

我错了，不应该乱撕奇奇的数学书。

那就帮干家务换取劳动报酬，然后把钱赔给奇奇。

  父母就教育方法达成一致后，可开展具体的教育实践。当孩子做错事时，父母对孩子的惩罚措施要具体，以提醒孩子不应该做什么，因为他们很有可能会很快忘记父母的话语。而在奖励孩子时，也要将原因讲给孩子，让他们印象深刻。

批评教育的措施要保持

125

为孩子制定符合其年龄和特点的规矩

皮皮，妈妈希望你每天睡前洗脚，注意卫生，但洗脚的时间你自己做主吧。

好的，妈妈。

马上要考试了，把每天的休闲方式从玩娃娃改为户外运动吧，能放松下眼睛和身体。

那也行，等放假了我再玩娃娃。

行，你现在已经会安排自己的时间了，睡前完成就好，时间你定。

爸爸，我想先玩会儿再回家写作业。

爸爸，我不想每天都学小提琴了，有点累。

确实同时学两样艺术课有点多，小提琴先停一停，绘画继续学吧。

让孩子成为一个主动成长的人

当孩子学会主动成长，足以证明父母的批评教育发挥了最佳效果。父母批评教育其实是在为孩子提供处事思路。

了解到这份真正意图，并懂得父母为人处事的智慧之后，孩子便会主动去提升自己，在实践中不断锻炼自己的能力。

孩子自然不喜欢受到批评，批评孩子时，父母的感受也并不好。可一旦决定这么做，父母就要做好承受孩子埋怨的准备。毕竟比起被批评，孩子继续犯错付出的代价可能会更大。

在对孩子进行批评教育时，比起人为惩罚措施，自然的惩罚措施更容易让孩子接受。人为惩罚措施通常指的是孩子犯了错误后，由父母或他人来收拾残局，再人为决定如何惩罚孩子。而自然的惩罚措施则是指由孩子自己来完成弥补任务，增加实践经验。比如，孩子把花盆里的土和花全倒了出来，弄得乱七八糟，父母可教育孩子重新把花种到花盆里，否则就不带孩子去游乐场了，这便是自然的惩罚措施。孩子通过弥补过程，了解到种花的不易，下次就不会轻易地损坏花草了。

作为父母，
要学会控制自己的怒气

美国精神病学家马丁·泰彻研究发现：

　　孩子如果在小时候就经常遭受父母的语言暴力，时间久了他们的脑部结构会发生变化，出现语言理解能力变差、智商变低等情况。

　　父母既要努力工作，承担养家的任务，又要担负养育孩子的责任，压力确实很大。但越是面对充满挑战的生活，就越要提高自身的情绪控制能力。尤其是当面对孩子失误、调皮、做事做得不到位等情况时，没有良好情绪控制能力的父母就会抑制不住内心的怒气，对孩子大吼大叫。殊不知，这会在孩子的内心留下深深的阴影。

　　而在吼叫的环境下成长的孩子，不仅心理上会缺乏安全感，在生理方面，其大脑结构也会受到影响（经常被吼叫的孩子，会变得迟钝笨拙）。这足以说明，语言的影响是巨大的：温和的语言能让孩子如沐春风，身心愉悦；粗暴的语言则让孩子内心恐惧，沮丧忧郁。

要控制自己的愤怒情绪，父母首先要记得批评孩子的目的是为了给予其正确引导，以帮助其改正错误或更高效地完成任务，而不是为了发泄自己的情绪。其次，将愤怒的情绪全部忍住也是很困难的，并且这对身体也有一定伤害，因此使用恰当的方法将怒气发泄出来也很有必要。比如，在家中准备专门的减压沙包、玩具，以便释放怒气。

———————— 对话1 ————————

 妈妈，你一吼我，我都不知道该说什么了。

是妈妈太激动了，咱们都冷静冷静。

———————— 对话2 ————————

 乐乐被他爸爸骂得吓坏了，他上学总哭。

和孩子要好好沟通才对，我以后也多注意。

———————— 对话3 ————————

 我要生气了！你快点去写作业，别看动画片了。

我马上去！你别生气啊，妈妈。

　　大吼大叫的教育方式会影响孩子为人处世，孩子会习得父母的语言暴力，并施加给他人，这将对孩子的一生产生重大影响。因此，父母在发怒之前，不妨向孩子表达"我要生气了"之类的意思，提醒孩子学会察言观色和反思问题，也让自己冷静一下。

给"上头"的情绪一个缓冲空间

把内心的不满都平静地说出来

孩子成人之后也会控制怒气

> 我确实有点生气了，但因为联系不上所以更担心你。下一次手机一定要充满电再出门。

> 对不起，我迟到了半小时，手机还没电了，没办法告诉你。

　　从小生活在懂得控制情绪的父母身边的孩子，无论是自己遇到困难，还是面对他人制造麻烦，他们都能冷静地表达自己的情绪和应对问题，用更积极的方式解决问题。这不仅对他们成年之后的人际交往有所帮助，也能让其更加快乐地生活。

> 皮皮，你的性格很好，能够控制情绪并且有条理地处事，这是你的优点。

深呼吸是一种值得尝试的控制怒气的方法。父母一旦感觉自己快要发怒，不妨先后退一步，然后做十五至二十个深呼吸，用鼻子吸气，用嘴呼气，以缓解愤怒的情绪。

在父母对孩子屡教不改的行为感到难以忍受时，不妨将孩子每一次的调皮经历和自己当时的情绪都记在一个笔记本里，可以称它为"愤怒日记"。它相当于一个非常丰富的家庭信息库，每隔一段时间，父母就可以拿出来和孩子一起浏览一下，反思一下，这样不仅可以及时了解到孩子的成长动向，也有助于及时调整对孩子的教育方式并让家庭关系更加和谐。

做个温暖的陪伴者，
而不是严苛的裁判

儿童心理学研究表明：

　　父母温和、民主的养育方式有利于幼儿亲社会行为的形成，父母可根据父母与子女间的亲子依恋程度预测子女的亲社会行为。

　　强势的父母往往对教育孩子没有太多耐心，很少静下心来好好了解孩子内心的真实想法，经常用压力和权威逼迫孩子接受自己的观点。这样培养的结果无非两种：孩子不是唯唯诺诺、胆小怕事，就是非常叛逆，喜欢与父母对抗。

　　孩子是父母的一面镜子，镜子里出了问题，父母应审视自己，先从自身找原因。首先，作为父母，应当承认孩子是独立的个体，而不是自己的附属品，与其在孩子的人生中指手画脚，做个严苛的裁判，不如温柔地教养孩子，做个温暖的陪伴者。这样才能真正帮助孩子，让他们感受到父母的爱，这对构建良好的亲子关系有着重要意义。

　　长久以来，不少父母都急于表达自己的观点，而忽略了倾听的意义。但倾听正是打开孩子心门、了解其真实想法的一把钥匙。父母需要花时间去倾听孩子的意愿，并能够不带偏见地看待他们的观点和想法。在这个过程中，孩子得到了尊重，也会尊重父母，对父母的敬爱之心也会渐渐增加。如此，不需要外在施压，父母的权威自然而然地就树立起来了。

──────────── 对话1 ────────────

妈妈，我就要吃汉堡嘛!

宝贝，现在已经太晚了，再吃汉堡对胃不好。

──────────── 对话2 ────────────

我就要剪短头发，像明星一样酷!

你真想呀？可以试试先稍微剪一点，看看效果。

──────────── 对话3 ────────────

我要用微波炉来烤蛋糕!

微波炉和烤箱的火候不一样，你这么做很危险。

当孩子提出不合适的要求或无理取闹时，父母不要先疾言厉色地予以否定，而要做好孩子的陪伴者和引导者，向孩子阐述如果做了那件事可能会导致的后果，并提出建议，把最终的选择权交到孩子的手中。

孩子真诚反省后，要给予肯定

爸爸，我不应该嘲笑乐乐，挺伤人的，我想用这些玩具向他道歉。

能认识到自己的错误很好。好，你向乐乐真诚地道歉吧。

妈妈，我把你的口红弄断了，这是我用压岁钱给你新买的。

谢谢宝贝。你现在已经学会弥补小过失了，这说明你懂事了。

不要冤枉孩子

被温和教养的孩子更可爱

父母作为孩子最亲近的人，不要总是试图操控孩子，而是要关注到孩子内心的敏感与脆弱，并经常用话语或行动来让孩子感受到爱。只有这样，孩子的内心才会充满温暖，才愿意友善地与他人相处，才会成长为可爱而受欢迎的人。

温和教养也要注意，温和而不纵容，温柔却又有原则。父母爱护孩子时，要把握好温度。常温的水最易入口，父母不妨让自己的关怀如温水一般，温度刚刚好。

　　每一天都是一个新的开始，父母要切记，不要在就眼前的事批评孩子时，又不断地提到他们从前的毛病。这样的反复强调只会让孩子陷入痛苦之中，并且跟随着回忆，父母也会想起很多不愉快的过去，这样易使消极的情绪再次被触发，从而让父母和孩子的关系更加紧张。

　　当父母决定做温暖的陪伴者，而不是严苛的裁判的时候，父母看待孩子的视角也会从狭隘的当下转到广阔的未来，不再将孩子当成实现自己愿望的筹码，而是以欣赏的心态去看待孩子，这也可以使父母变得更加开明和豁达。

让孩子在亲身体验中
学习人生的道理

自然而然的五感教育表明：

　　在生活中，通过接触声音、气味、光线、语言和触摸等，孩子五感会自然而然得到发育，孩子能更加自由地表达自我。

　　比起父母的说教，孩子亲身体会所能学习到的经验有时会更丰富，对于孩子而言，印象也会更深刻。亲身实践法不仅可用于平时对孩子进行教学，在孩子犯了错误需要施以小惩罚时同样有效。法国著名的启蒙思想家、文学家、教育家卢梭就曾在他的著作《爱弥儿》一书中提到过一个著名的教育法则——"自然惩罚法则"。

　　"自然惩罚法则"是指当孩子犯了错之后，父母不采用过多的口头教育来对孩子进行指责，而是让孩子投入到弥补过失的行动中去，在实践中体悟自身的过错，并学会承担责任，在自我反省中不断成长。

有时，父母讲述的道理，孩子即使听进去了，也未必能很好地理解。而自然惩罚、亲身体验的方法则能让孩子积累经验和教训。很多时候，让孩子尝尝因自己的过失所造成的"苦果"，使他们被自身行为造成的结果所限制，收获不自由的体验，能迫使其改正自身错误，感受到承担责任的必要性。

让孩子亲身体验也要注意方法，尤其不要将孩子置于危险之中。父母可以通过模拟场景的方式为孩子再现一些相似情境，以帮助孩子更好地展开对生活中难以解决的问题的探索，或是弥补自身的过失。

对话1

干家务真累啊，原来妈妈照顾我那么辛苦。

你今天干了不少家务，也帮了我的忙了。

对话2

我叠星星胳膊好酸呐，原来准备礼物这么累。

乐乐收到礼物会很开心的，现在你学会维系友谊了。

对话3

现在地板被你弄脏了，怎么做才能让它复原呢？

我去拿抹布沾上清洁剂擦一擦。

　　孩子在亲身体验中会产生新的想法，他们能够体会父母的辛苦，也能够了解想要实现任何目标，都需要付出努力。下一次再碰到自己想要的东西，孩子会体谅父母的辛苦，从而思考如何凭借自己的付出来获得。

为孩子创造亲身体验的机会

引导孩子在体验中发现自身的可能性

让孩子在亲身体验中找到人生目标

的确，我也发现你在这方面做得不错，可以考虑安排你去数据分析岗锻炼一下。

通过实习，我发现自己更擅长做数据分析。经理，您可以安排我去相关岗位吗？

孩子在一生中要面临许多选择，大学学习什么专业，工作时从事怎样的职业，将来希望和什么样的人成为伴侣、组建家庭……父母不可能事事代劳，比起替孩子决定一切，不如多引导孩子在体验中找到自己的目标，这样更可靠。

我要努力成为优秀的数据分析师，这是我的职业理想！

为让孩子获得更好的体验，父母可在能力允许的情况下，开动脑筋，为其创造体验的机会。比如，孩子想种果树，但家里没法实现，父母可让其在花盆里种迷你植物来获得相似体验。

亲自体验所带来的感受是最直观、最深刻的，有些事，注定需要孩子亲自体验后才能够明白。在孩子体验后，父母也要向孩子传达自己的人生经验并进行总结，像讲故事一般把经验表达清楚。因为人对故事性的语言印象会比较深刻，孩子在听的时候会结合亲身体验领悟其中的道理。

06

给予孩子关键帮助，陪孩子度过青春期

孩子的性别意识萌芽，
应关注孩子心理变化

儿童心理学研究表明：

在人的幼儿时期，性别意识就已萌芽。为避免孩子的性格发展出现偏差，父母应该关注孩子的心理变化。

其实，孩子在幼年时期，就对自身的性别产生了一定认识；而处于青春期的孩子，由于性激素的分泌不断增加，其第一性征、第二性征会逐渐发育成熟，孩子的身心会随之产生巨大的变化。他们开始觉得困惑和烦躁，并对自身的变化产生强烈的好奇；同时在面对异性时，孩子的内心会出现一种从未有过的新感觉。父母会发现，孩子开始偶尔出现懒散、注意力不集中、情绪变化明显、疲劳、焦躁等情况。为了更好地帮助孩子理性地认识自身的变化，并及时做出调整，父母应当多关注孩子心理状态的变化。

　　为让孩子正视自身的性别特征，在其年幼时期，父母们就要注意引导。首先从衣着打扮上就要对不同性别的孩子进行区分。即使是出于娱乐的目的，一些行为也应当避免，比如给男孩子穿女生的裙子，扎小辫子；给女孩子剪寸头等，这些都有可能导致孩子性别意识出现混乱，甚至使孩子习惯以相反的性别去塑造自己，渐渐产生对自身性别不认同、不接受的心理。父母应从生活各方面进行提示，培养孩子的性别意识。

对话1

 妈妈，为什么西西不能站着上厕所呀？

因为女孩和男孩小便的器官在身体的位置不同。

对话2

 妈妈，西西的裙子很好看，我也想穿。

裙子是女生穿的，你可以选择其他好看的衣服试试。

对话3

 妈妈，西西说她每个月都会出血。

西西长大了，那是生理期的现象，是正常的。

  孩子通过对他人和自身的观察，开始对性别的差异产生强烈的好奇，这属于正常现象，标志着孩子已经进入了性别敏感期。父母不妨趁机会为孩子普及一些生理知识，坦然地用比喻的方式、幽默的语言为孩子进行性别启蒙教育。

正面回答孩子提出的"敏感"问题

与孩子大方探讨性别知识

正确教育让孩子拥有健康性心理

我知道，老爸你放心。从小就和您无话不谈，被理解的感觉真好！

你上大学了，交女朋友是正常的，但要对对方的人品有所了解，相处时要把握分寸，你明白吧？

　　异性间正常、健康的交往其实有利于孩子正确面对性的成熟。与异性相处能消除孩子对异性的误解，形成健康的性心理。父母可在为孩子确立恰当的交往尺度的前提下，鼓励孩子破除传统观念，与异性大方相处。

两个人相互陪伴、鼓励，工作效率更高了！

父母可以借助影视节目、网络来跟孩子主动地探讨性别知识。现在的孩子对各种信息都很敏感，父母无法阻止他们了解真实的世界，不如把一些场景当成教育、引导的机会。

　　虽然在当今社会，"中性化"也存在，但男性的坚强阳刚和女性的温婉柔美依旧是两种主要的性别底色，为孩子们塑造这样的性别底色，并不会妨碍他们在此基础上培养出更丰富的品质。父母按照性别不同而采用不同的培养方式，有助于塑造出在性格上有不同特征的男孩和女孩，使男孩子阳光、坚强、不扭捏，使女孩子端庄大方、不粗鲁。

　　想更好地培养孩子的性别意识，帮助孩子培养广泛的兴趣爱好、增长丰富的技能知识也是一种有效的方法。孩子学习到的新事物越多，精神世界便越丰富，内心也越成熟，在与异性相处时就会更游刃有余。

理解孩子学习上的辛苦，
帮孩子掌握优良的学习方法

美国哈佛大学的一项研究表明：

　　学生学习积极性被调动的难易程度取决于他们早期的童年经历。

　　父母其实知道，孩子平时的课业任务多，而经过一整个学期的学习，好不容易盼来假期，孩子又要去各种艺术班继续学习，他们其实很辛苦。也有一部分父母认为，父母已经为孩子提供了高质量的生活环境，孩子只需要完成学习任务就可以了，哪里会有那么大压力呢？但实际上，孩子所要面临的学业压力并不小，孩子需要不懈的努力和持续的付出才能不落后。而在学习的同时，他们有时还要面对父母的指责和挑剔，内心的压抑和痛苦也与日俱增。

　　因此，父母去理解孩子学习上的辛苦和疲惫非常重要，这不仅能有效缓解孩子内心的焦虑感，还能激发其学习动力，提升其学习效率。而为了更好地理解孩子学习的不易，父母需要经常与孩子沟通，了解孩子在当下的学习中遇到的问题，并想办法帮助其克服困难。

同时，父母也要认识到，孩子感觉学习很累，除了课业压力繁重的原因外，他们对学习目的的理解有误也可能是原因之一。首先，父母要告诉孩子："你是为了自己而学习的，不是为了爸妈。"

———————— 对话1 ————————

妈妈，我明天不想上学。

上学是你自己的事情，要对自己负责。

———————— 对话2 ————————

学生物也太难了，干吗要学？

你不是想当医生吗？要了解生命的奥秘就要学生物。

———————— 对话3 ————————

每天只挑战一道难题，我觉得没那么累了。

因为时间充裕，做难题你也觉得压力没那么大了。

　　学习目的是有效促进孩子积极参与学习活动的内在动力，父母要让孩子明确学习的目的。孩子只有清楚自己为什么学习，才会积极地将自己的精力用于学习中，并感受到学习的快乐。

为孩子创造良好的学习氛围

正确培养孩子的学习能力

学习能力强的孩子事事领先

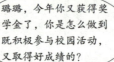

璐璐，今年你又获得奖学金了，你是怎么做到既积极参与校园活动，又取得好成绩的？

合理管理自己的时间，重要的事情不能拖延。

　　授人以鱼，不如授人以渔。帮孩子找到问题的答案很重要，但更重要的是教孩子正确的学习方法，并让他能够在各个领域灵活运用。因此，父母从小就要引导孩子主动思考，并陪伴他们一起找到答案。

同学都好奇为什么我有这么强的学习能力。其实我在小时候就思考过怎样学习能让自己效率提升的问题。

没有目标就没有动力。父母不妨和孩子一起制订学习计划，树立一个明确的目标。比如，一周内要背多少单词和古诗，做几张检测卷子，一个学期下来需要实现怎样的进步等。

孩子是非常活跃的，天生就被探索、玩耍等想法驱动着，而这些都是促进他们主动学习的积极因素。父母如果对孩子这些自然表现给予肯定和支持，并加以引导，孩子学习的内在驱动力就会得以延续，并不再畏惧学习的苦与累，能够更积极地展开对新事物的探索。

警惕霸凌，
保护青春期的孩子免受伤害

挪威学者丹·奥维斯认为：

　　霸凌的最显著特征，就是一个学生长时间或重复地暴露于一个或多个学生主导的负面行为之下。

　　孤立、欺辱他人是目前校园里最普遍的霸凌方式。随着校园霸凌越来越多地被报道出来，人们开始关注一些隐藏在孩子内心的阴暗面。原来，不是所有小孩都是天真无邪的。有些孩子因为年幼时期没能得到父母的珍视和关爱，甚至遭受着家庭暴力，却没有任何渠道来抒发自己压抑已久的情绪，就将内心的憎恨、愤怒、痛苦和压力发泄在比自己弱小的其他孩子身上。还有的孩子纯粹是出于嫉妒，故意去伤害其他孩子。而对方的不抵抗和逆来顺受，反而会使霸凌实施者变本加厉，因为他们看到无能的对方，就如同看到了无力反抗现实的自己。

作为父母，既要给予孩子充足的关爱，培养孩子积极健康的心态，耐心教导他们不要欺辱他人，也要让孩子懂得保护自己，以免受到伤害。老师是孩子在学校最熟悉的人，父母们要经常与老师联络，了解孩子在学校的具体情况。比如，孩子每天的情绪怎么样，有没有交到好朋友，其他同学对孩子的印象等，从细节中判断孩子在学校过得如何。同时，也要常询问孩子在学校是否愉快，同学是否友善，有没有很喜欢或很讨厌的同学等，通过孩子的态度判断其感受。

————————— 对话1 —————————

 鹏鹏欺负西西,我去打抱不平了。

关心同学是好的,但也要注意保护自己。

————————— 对话2 —————————

 我真烦乐乐,他每次数学都比我考得好。

乐乐数学好,你英语好呀,你们都有自己的优势嘛。

————————— 对话3 —————————

 班长和另一个男生阻止我们女生玩篮球。

那是不对的,你们要联合起来告诉老师。

　　校园霸凌总是以各种形式出现,其实,有时即使是一句难听的话语都足以伤害孩子的心。父母应该在鼓励孩子帮助他人的同时,也提醒其保护好自己。并且,父母在发现孩子对其他人产生嫉妒、厌恶等情绪时要及时疏导,不要让孩子将消极情绪发泄到别人身上。

做好措施，防止孩子遭受校园霸凌

老师，我家皮皮对花生过敏，麻烦您留意一下，不要让其他孩子给皮皮吃含花生的食物。

好的皮皮妈，我会关注这一点的。

璐璐，在学校要是有人欺负你，一定要和老师或者爸妈说，我们永远是你的后盾。

好的爸爸！我和同学的关系都挺好的，没人欺负我。

指导孩子应对霸凌行为

勇于保护自己的合法权益

> 经理，我的加班工资应当按照法律规定发放，我们是正规公司，没问题吧？

> 是财务算错了，这就给你发。

　　父母不能时刻陪伴在孩子身边，为孩子遮风挡雨，孩子总要长大成人，独自面对生活。而从小被给予足够支持的孩子，在小时候就学会了保护自己，勇于对他人的不合理要求和欺负说"不"。长大之后，他们会更加勇敢地拒绝压迫。

> 对啊，他们不敢不发加班费的，法律和合同都有规定。

无论是多好的学校，都不可能完全杜绝霸凌现象。所以，学生的勇敢表达、家长和老师的及时干预非常重要，只有三方共同应对，才能在最大程度上减少霸凌。

父母无论工作有多忙，都要抽出时间和孩子好好沟通，了解他们每天上学的真实感受。与此同时，也要经常带孩子参加一些活动，让孩子到人群中去，时间长了，他们能锻炼出勇敢、开朗、不怯场的个性。这样的个性能使他们在面对他人刁蛮的欺辱、无理的戏弄之时，会更敢于制止对方。

并且，父母要告知孩子在学校不要拉帮结伙，尤其要远离一些"不良少年"，更不能以暴制暴，必须在保护自己的前提下，采取更理性的方式去解决问题。

用爱护航，
科学应对孩子网络成瘾

美国知名儿童节目主持人费雷德·罗杰斯说：

电脑可以帮你学习拼写"拥抱"这个词，但它永远无法帮你了解实际给予或接受拥抱的风险和乐趣。

　　信息化时代，越来越多的家庭过上了的数字生活，孩子在很小的年龄阶段就可以使用移动设备。孩子在户外玩耍的时间变少了，使用手机、电脑进行娱乐的时间增加了。生活中到处都能看到使用移动设备的孩子，他们在地铁、餐馆、商场等公共场合上低头玩着智能手机。然而，长时间的近距离低头玩耍，不仅会给孩子们的肩颈造成一定压力，还会影响他们的视力。久而久之，孩子会依赖于网络带来的短暂快感，而对学习和其他需要付出恒心和毅力的事情失去兴趣，注意力完全被网络吸引，而这就是所谓的网络成瘾现象。

导致孩子网络成瘾的原因，通常有以下两点：

第一，孩子与父母、朋友在生活中缺少沟通。青春期的孩子本身在生理和心理方面就会产生一定变化，他们的情感需求会大大增加，如果长期无法与人进行有效的情感交流，就会感到孤独，从而痴迷于网络上的互动。

第二，孩子本身面对诱惑没有自控能力。这其实与孩子身心发育不成熟、没有树立起正确的学习观有关，父母应该对此进行一定引导，并做好正确的示范。

对话1

也没人陪我玩，我玩会电脑行吗？

我带你去放风筝吧，天气这么好，多难得。

对话2

你和爸爸总吵架，我玩电脑是为忘掉烦恼。

对不起，宝贝，我们不应该忽视你的感受。

对话3

有些网站很恐怖，一打开个人信息就会被盗走。

太可怕了，原来上网也要小心坏人。

　　有些孩子会将上网当作一种摆脱无聊的消遣方式，他们只是想找到一件感兴趣的事。对此，父母应该重视孩子爱好的培养，引导孩子找到自己真正热爱的事情。

采取有效措施应对孩子网络成瘾

教孩子正确使用网络

让孩子养成主动约束自己的习惯

父母的监督对避免孩子网络成瘾的确非常重要，但同样重要的是培养孩子的自制力。父母要向孩子说明沉迷网络的危害，尤其是对健康的影响，让孩子明白只有合理使用网络，拥有好身体，才能尝试更多有意义的事。

父母要用爱和智慧构筑起孩子心中的防火墙。要告知孩子，涉及"黄赌毒"的网络信息是绝对不能浏览的，并陪孩子通过观看影视作品等形式了解其危害。

网络成瘾本质是人对给其带来创伤或者刺激性不够的现实的一种逃避。也就是说，无论是成年人还是青少年，沉迷网络是因为那会带来一种心理上的安慰。而因为在现实生活中得到什么都需要付出努力，所以人容易沉溺在可轻而易举"拥有一切"的网络中。

因此，父母要让孩子意识到，网络带来的快乐是虚幻的，偶尔可以用来舒缓情绪，但终究不是真实的生活。同时，父母还要锻炼孩子的抗挫折能力，让孩子拥有乐观的心态，遇事不逃避。